Gwledydd

YR UNDEB SOFIETAIDD

Keith Lye

Addasiad Cymraeg gan

Roger Boore

Ymgynghorydd

John Albert Evans

Ymgynghorydd Iaith Morgannwg Ganol

Gwasg y Dref Wen

Chwiliwch am: *Look up:*

Cyhoeddwyd drwy gydweithrediad
Awdurdod Addysg Morgannwg Ganol
dan nawdd Cynllun Llyfrau Darllen
Cyd-bwyllgor Addysg Cymru.

© Franklin Watts Ltd 1982
© y testun Cymraeg
gan Wasg y Dref Wen 1983
Cyhoeddwyd gan
Wasg y Dref Wen,
28 Ffordd yr Eglwys,
Yr Eglwys Newydd, Caerdydd.
Argraffwyd gan E.T.Heron,
Essex a Llundain.

Golygydd Cyffredinol Henry
Pluckrose.
Mapiau gan Tony Payne.
Ffotograffau drwy ganiatâd Zefa;
D.Turner, 8.

Yr Undeb Sofietaidd ydy'r wlad
fwyaf yn y byd. Mae chwarter
o'r wlad yn Ewrop, a'r gweddill
yn Asia. Mae'r Rheilffordd
Trans-Siberia yn rhedeg o
Moskva i Vladivostok.
Mae'n 9300 kilometr o hyd.

yr Undeb Sofietaidd *the Soviet Union*
gwlad (gwledydd) *country*
chwarter *quarter*
gweddill *remainder*
rheilffordd *railway*
o hyd *in length*

Dyma'r Kremlin, yn Moskva.
Moskva ydy prifddinas
yr Undeb Sofietaidd. Y Kremlin
ydy cartref y llywodraeth.

prifddinas *capital city*
llywodraeth *government*

Yn y llun bach mae V.I.Lenin,
arweinydd y Chwyldro Comiwnyddol
yn 1917. Yn y llun mawr mae
pobl yn ymweld â'i fedd,
yn y Sgwâr Coch, Moskva.

arweinydd *leader*
Chwyldro Comiwnyddol *Communist Revolution*
ymweld â *to visit*
bedd *grave*
y Sgwâr Coch *Red Square*

5

Adeilad hardd yn y Sgwâr Coch
ydy Eglwys St Basil.
Cafodd ei hadeiladu
rhwng 1555 ac 1561.

6

adeilad *building*
hardd *beautiful*
adeiladu *to build*

Yn Moskva mae siop GUM,
un o siopau mwya'r byd.
Yn yr Undeb Sofietaidd
mae'r siopau mawr, y ffatrïoedd
a'r rhan fwyaf o'r tir
yn perthyn i'r llywodraeth.

ffatri (ffatrïoedd) *factory*
y rhan fwyaf *most*
tir *land*
perthyn *to belong*

7

Dyma enghreifftiau o stampiau
ac arian yr Undeb Sofietaidd.
Enw'r arian ydy'r rŵbl.
Mae 100 copec ym mhob rŵbl.

enghraifft (enghreifftiau) *example*
rŵbl *rouble*   copec *kopek*

MAP
O'R BYD

Yr Undeb Sofietaidd

Pegwn y Gogledd

CEFNFOR ARCTIG

Y FFINDIR

Riga
Leningrad
Arkhangelsk

YR UNDEB
SOFIETAIDD

GWLAD
PWYL
Moskva

Kiev

Mynyddoedd Ural *Irtysh*
Kazan

Odessa

Volga Sverdlovsk *Yenisey* *Lena*

Kharkov
Rostov
Y Môr Du
Volgograd
Astrakan
Omsk
Krasnoyarsk
Novosibirsk
Llyn Baikal
Irkutsk
Vladivostok

Karaganda

Baku
Môr Caspia
MONGOLIA

Bukhara
Kara Kum
Tashkent

IRAN
Samarkand

AFFGHANISTAN
TSIEINA

INDIA

Llyn Baikal, yn Siberia,
ydy'r llyn dyfnaf yn y byd.
Mae Siberia yn Asia;
mae'n oer iawn,
ac mae eirth a bleiddiaid
yn byw yn y fforestydd.

dyfnaf *deepest*
arth (eirth) *bear*
blaidd (bleiddiaid) *wolf*
fforest (-ydd) *forest*

10

Mae llawer o ardaloedd gwyllt yn yr Undeb Sofietaidd. Dyma anialdir Kara Kum, ger Môr Caspia. Mae hefyd gadwyni o fynyddoedd, fel y Cawcasws rhwng Môr Caspia a'r Môr Du.

ardal (-oedd) *region*
gwyllt *wild*
anialdir (-oedd) *desert*

Môr Caspia *Caspian Sea*
cadwyn (-i) *range*
y Môr Du *the Black Sea*

Mae'r Undeb Sofietaidd
yn tyfu llawer iawn o ŷd.
Ond weithiau mae'r cynhaeaf
yn methu. Wedyn mae'n rhaid
i'r llywodraeth brynu ŷd
o wledydd eraill.

ŷd *corn*   cynhaeaf *harvest*
weithiau *sometimes*   methu *to fail*

Dyma farchnad yn Rostov,
ar afon Don sy'n llifo
i Fôr Azov. Mae Môr Azov
yn cysylltu â'r Môr Du
a'r Môr Canoldir.

marchnad *market*   cysylltu â *to connect with*
llifo *to flow*   y Môr Canoldir *Mediterranean Sea*

13

Undeb o 15 o weriniaethau
ydy'r Undeb Sofietaidd.
Y weriniaeth fwyaf ydy Rwsia.
Pentre yng ngweriniaeth yr
Wcrain sy yn y llun. Mae tir
yr Wcrain yn ffrwythlon iawn.

undeb *union*
gweriniaeth (-au) *republic*
yr Wcrain *the Ukraine*
ffrwythlon *fertile*

14

Odessa, ar lan y Môr Du,
ydy porthladd mwyaf yr Wcrain.
Mae llawer o ffatrïoedd yno.

glan (-nau) *shore*
porthladd *port*

Dyma iard goed ger Moskva.
Mae'r coed yn dod o fforestydd
ger y ddinas. Mae fforestydd
yn gorchuddio traean
o dir yr Undeb Sofietaidd.

iard goed *timber yard*   gorchuddio *to cover*   traean *a third*

Mae'r Undeb Sofietaidd
yn cynhyrchu mwy o ddur
nag unrhyw wlad arall.
Mae hefyd yn cynhyrchu
mwy o lo, olew a haearn.
Mae 47 o bob 100 o'r bobl
yn gweithio mewn diwydiant.

cynhyrchu *to produce*   olew *oil*
dur *steel*   haearn *iron*
glo *coal*   diwydiant *industry*

Dyma ysgol yn Tashkent,
yn Asia. Mae plant
sy'n gwisgo sgarff goch
yn perthyn i fudiad
yr Arloeswyr Ifainc.

mudiad *movement*
Arloeswyr Ifainc *Young Pioneers*

Yn y dinasoedd mae'r rhan fwyaf
o bobl yn byw mewn fflatiau.
Maen nhw'n hoffi gwylio
pêl-droed a hoci iâ
ar y teledu.

fflat (-iau) *flat*   hoci iâ *ice-hockey*
pêl-droed *football*   teledu *television*

Un o ddinasoedd hynaf Asia
ydy Samarkand, ac mae hen
arferion yn fyw o hyd yno.
Mae'r ardal yn cynhyrchu
gwenith, sidan a chotwm.

hynaf *oldest*
arfer (-ion) *custom*
o hyd *still*

gwenith *wheat*
sidan *silk*
cotwm *cotton*

Dyma berfformiad o'r *ballet*
Llyn yr Elyrch
yn Theatr y Bolshoi, Moskva.
Mae dawnswyr y Bolshoi
yn fyd-enwog am eu perfformiadau
o *ballets* clasurol.

perfformiad (-au) *performance*   byd-enwog *world-famous*
Llyn yr Elyrch *Swan Lake*   clasurol *classical*

21

Mae'r bobl yn y llun
yn yfed te gwyrdd
yn ninas Bukhara.
Mae anialdiroedd eang a
phoeth rhwng Bukhara
a Môr Caspia.

te gwyrdd *green tea*
eang *wide*
poeth *hot*

22

Tomatos, grawnwin a chucumerau
sy ar werth yn y farchnad hon
yn Bukhara. Mae Bukhara
ger Samarkand, ac mae llawer
o'r bobl yn Fwslimiaid.

grawnwin *grapes*
cucumer (-au) *cucumber*
ar werth *for sale*
Mwslim (-iaid) *Muslim*

23

Mae'r llun yn dangos mosg
yn Bukhara. Mae dros 60
o wahanol ieithoedd yn cael
eu siarad gan bobloedd
yr Undeb Sofietaidd.

mosg *mosque*   iaith (ieithoedd) *language*
gwahanol *different*   pobl (-oedd) *people*

Mae to serth gan y tŷ hwn
er mwyn i'r eira lithro
oddi arno yn y gaeaf.

serth *steep*
er mwyn *in order*
eira *snow*
llithro *to slip*
oddi arno *off it*

25

Kiev, ar lan afon Dnieper,
ydy dinas fwyaf yr Wcrain.
Roedd yn ddinas enwog
mor gynnar â 900 O.C.

enwog *famous*
cynnar *early*
O.C. (Oed Crist) *A.D.*

27

Ger dinas Baku, ar lan Môr Caspia,
mae olew yn cael ei gynhyrchu.
Er gwaethaf ei enw,
llyn ydy Môr Caspia, achos mae
tir yn ei amgylchynu.
Llyn mwya'r byd ydy e,
ac mae ei ddŵr yn hallt.

er gwaethaf *despite*
amgylchynu *to surround*
hallt *salty*

Mae tref Sochi ar lan y Môr Du.
Mae llawer o bobl yn mynd yno
ar eu gwyliau.

gwyliau *holidays*

Bob Mai 1af a Thachwedd 7fed mae gorymdaith filwrol enfawr ar y Sgwâr Coch yn Moskva.

Mai *May*
Tachwedd *November*

gorymdaith filwrol *military parade*
enfawr *huge*

Awyren swpersonig
ydy'r TU-144.
Mae gan yr Undeb Sofietaidd
lawer o wyddonwyr da.
Iwri Gagarin, o'r Undeb
Sofietaidd, oedd y dyn cyntaf
i hedfan drwy'r gofod, yn 1961.

awyren *aeroplane*
swpersonig *supersonic*
gwyddonwyr *scientists*
gofod *space*

31

Geirfa *Vocabulary*

achos *because*
afon *river*
Affghanistan *Afghanistan*
ail *second*
anialdir (-oedd) *desert*
arall (eraill) *other*
ardal (-oedd) *area, district*
arian *money*

bach *small, little*
byd *world*
byw *to live; alive*

cafodd *got*
cartref *home*
Cawcasws *Caucasus*
Cefnfor Arctig *Arctic Ocean*
coch *red*
coed *wood*
cynhyrchu *to produce*
cyntaf *first*

Chwyldro Comiwnyddol
   Communist Revolution

da *good*
dangos *to show*
dawnsiwr (dawnswyr) *dancer*
dinas (-oedd) *city*
dod *to come*
dros *over*
drwy *through*
dŵr *water*
dyn *man*

eglwys *church*
enw *name*
Ewrop *Europe*

fel *such as, like*

ffatri (ffatrïoedd) *factory*
y Ffindir *Finland*
fforest (-ydd) *forest*

gaeaf *winter*
ger *near*
glan *shore*
gweithio *to work*
gwisgo *to wear*
gwlad (gwledydd) *country*
Gwlad Pwyl *Poland*
gwylio *to watch*

hedfan *to fly*
hefyd *also, as well*
hen *old*
hoffi *to like*
hwn, hon *this*

iawn *very*

llawer *many, a lot*
llun *picture*
llyn *lake*
llywodraeth *government*

marchnad *market*
mawr *big*
mewn *in*
mor . . . â *as . . . as*
Môr Azov *Sea of Azov*
Môr Caspia *Caspian Sea*
Môr Du *Black Sea*
Moskva *Moscow*
mwy *more;* **mwy . . . na** *more
   . . . than*
mwyaf, mwya *biggest*
mynd *to go*
mynydd (-oedd) *mountain*

neu *or*

oer *cold*
ar ôl *after*
olew *oil*
ond *but*

Pegwn y Gogledd *North Pole*
pentre *village*
perthyn *to belong*
plentyn (plant) *child*
pob *every*
pobl (-oedd) *people*
prynu *to buy*

Rwsia *Russia*

y rhan fwyaf *most*
rhedeg *to run*
rhwng *between*

sgarff *scarf*
y Sgwâr Coch *Red Square*
siarad *to speak*
siop (-au) *shop*
stamp (-iau) *stamp*

tir *land*
to *roof*
tref *town*
Tsieina *China*
tŷ *house*
tyfu *to grow*

theatr *theatre*

un *one*
yr Undeb Sofietaidd *the
   Soviet Union*
unrhyw *any*

yr Wcrain *the Ukraine*
wedyn *then*

yfed *to drink*
yno *there*
ysgol *school*